PETIT GUIDE

DE LA

BASILIQUE

Insigne Cathédrale de Saint Cyr et de Sainte Julitte de Nevers

Par M. l'abbé A. SERY

Chanoine de la Basilique

MEMBRE DE LA SOCIÉTÉ NIVERNAISE DES LETTRES,
SCIENCES ET ARTS

NEVERS

IMPRIMERIE CATHOLIQUE L. CLOIX

1898

PETIT GUIDE

PETIT GUIDE

DE LA

BASILIQUE

Insigne Cathédrale de Saint Cyr et de Sainte Julitte de Nevers

Par M. L'ABBÉ A. SERY

Chanoine de la Basilique

MEMBRE DE LA SOCIÉTÉ NIVERNAISE DES LETTRES,
SCIENCES ET ARTS

NEVERS
—
IMPRIMERIE CATHOLIQUE L. CLOIX
1898

RR. DD. Episcopo

Stephano A. A. Lelong

S! Euladii Successori

Necnon

Priscorum Sanctorum

et illustrium

Antistitum Nivernen

Digno Æmulatori

A. S.

Approbation de Mgr l'Evêque de Nevers

Nous approuvons très volontiers le « Petit Guide de la Basilique insigne Cathédrale de Saint-Cyr et de Sainte-Julitte de Nevers, par M. l'abbé Sery, chanoine de la Basilique ».

Nous estimons qu'il sera utile non seulement aux étrangers qui viennent visiter notre Cathédrale, mais aussi aux habitants de la ville et du diocèse ; il leur apprendra beaucoup d'intéressants détails sur les origines, l'histoire et les transformations successives de ce beau monument. Nous félicitons l'auteur d'avoir eu la bonne pensée de le mettre à la portée de tous.

Nevers, 3 décembre 1898.

† ETIENNE,

Ev. de Nevers.

ARMES DU CHAPITRE ET DE L'ÉVÊCHÉ

L'origine et la description héraldique de ces blasons se trouvent pages 8 et 9.

Le Chapitre de Nevers, fondé et doté par l'Evêque Hériman (1) 840-860, porte, de temps immémorial, pour armes, le petit Saint-Cyr monté sur un sanglier, avec des fleurs de lys en chef, pour rappeler les donations de Charlemagne à la cathédrale de Nevers, dédiée à Saint-Cyr et à Sainte-Julitte, sa mère.

Les armes de l'Evêché rappellent également la libéralité de l'empereur Charlemagne, qui rendit à saint Jérôme les trois châtellenies : d'Urzy, paroisse près de Nevers ; de Prémery, chef-lieu de canton, et de Parzy, hameau de la paroisse de Garchizy, près Nevers.

---

(1) Les terres données par l'Evêque Hériman pour l'entretien des quarante, d'autres disent soixante chanoines dont il composa son chapitre, étaient celles de Parigny-les-Vaux, provenant de son patrimoine, et de celles de Sauvigny-les-Bois, de Guérigny et de Germenay, et quelques autres dans le Nivernais et l'Avallonnais, qu'il tenait de la libéralité de l'abbé Hermod, son oncle.

(FISQUET, *France pontificale*, dioc. de Nevers, page 17.)

> « Notre cathèdrale est comme un musée lapidaire, dans lequel on aurait artistement rangé tous les caractéres architectoniques des différentes époques de notre architecture religieuse. »
>
> (Mgr CROSNIER, *Monographie de la Cathédrale de Nevers.* »

ADDENDA :

Page 28, ligne 15, après Epiphanie, *ajoutez* ; qui surmontait l'autel ;

Page 34, ligne 4, après chapelle, *ajoutez* : « qu'ils ont fait faire et où ils ont fondé une messe chacun jour. » (D'après leur épitaphe que Parmentier a relevée).

Page 35, ligne 10, après moulin à vent, *ajoutez* : Dans l'angle de gauche, au milieu des nuages qui forment couronne, apparaissent les restes d'un buste qui en émergeait et étendait les bras ; c'était Dieu le Père disant clairement par son attitude, en comtemplant la scène principale, l'Enfant-Jésus sur les genoux de la Ste-Vierge : « *Filius meus es tu ; ego hodie genui te.* » Tu es mon Fils ; aujourd'hui je t'ai engendré.

VUE EXTÉRIEURE DE LA CATHÉDRALE DU COTE DU CHEVET

Du jardin du palais Ducal ou de la place de la Mairie, la Cathédrale offre un aspect imposant et gracieux tout à la fois.

Depuis une trentaine d'années, une habile et savante restauration a pris la noble tâche de rétablir le monument dans la splendeur de sa jeunesse.

Quelle grâce dans ses fins clochetons, dans sa double galerie de dentelle, dans ses frises délicatement découpées, dans les arcs des contreforts et le groupe harmonieux des chapelles absidales qui semblent, en se serrant l'une contre l'autre, chercher un appui commun sur le corps de l'édifice !

PORTAIL LATÉRAL DU NORD

Nous allons nous arrêter un instant devant le *portail latéral* du nord, aussi appelé du Cloître, du Doyenné et de S. Christophe. Il a été construit en 1280. Hélas ! en quel état de mutilation est l'œuvre des artistes du XIIIe siècle ! Huguenots et iconoclastes de 1793 y ont exercé, à tour de rôle, leur haine contre Dieu et les saints et y ont assouvi leur rage de destruction.

Le tympan représentait le *pèsement* des âmes. On reconnaît la silhouette de l'archange S. Michel, tenant la balance dans laquelle sont pesées les actions bonnes et mauvaises de l'âme en jugement ; des anges à droite, des démons à gauche attendent la sentence, qui sera prononcée par N.-S. assis dans le haut, tandis que la Ste Vierge, toujours bonne et refuge des pécheurs, et S. Jean-Baptiste, apôtre de la pénitence, sont en prière à genoux, de chaque côté.

Dans la première archivolte du tympan, six anges de chaque côté et un autre au sommet, comme trait d'union, sont très visibles, quoique massacrés.

Dans la quatrième, un personnage assis, des fragments de sièges et la forme de personnages assis rappellent la présence des douze apôtres, sur leurs douze sièges, pour juger les douze tribus d'Israël, c'est-à-dire la généralité des hommes.[1]

---

[1] Les prophètes qui ont annoncé le premier avènement du Sauveur et les martyrs qui ont versé leur sang en témoignage de leur foi, figurent d'ordinaire dans la scène du ugement. Tel devait être le sujet des deux autres archivoltes.

INTÉRIEUR DE LA CATHÉDRALE

Nous descendons de suite à la *chapelle de Sainte Julitte*, berceau de la Cathédrale (partie romane).

S. Eulade, premier évêque de Nevers, sous Clovis (-516), met son église sous le patronage des SS. martyrs Gervais et Protais.

L'évêque S. Jérôme (795-815), poussé par une dévotion toute particulière à S. Cyr et à Ste Julitte, élève en leur honneur une chapelle attenante à sa cathédrale ; il désirait même placer son diocèse sous leur protection, s'il pouvait avoir le bonheur de rebâtir son église, qui menaçait ruine. Pillée tour à tour par les Sarrazins et les Aquitains, elle avait été également dépouillée de ses biens en terres. — La divine Providence allait bientôt seconder les vœux du pieux Pontife. —

S. Jérôme s'était rendu à Paris à une réunion d'Evêques. Ils allaient se séparer, quand l'empereur Charlemagne[1], ayant eu un son-

---

(1) L'historien Mich. Cotignon commet une erreur évidente en désignant Charles-le-Chauve au lieu de Charlemagne. Comme *l'explication du songe* est unanimement attribuée à S. Jérôme, la rectification est facile : il suffit de

ge qui le troublait, les manda à son palais, pour leur en demander l'explication. L'empereur était en chasse, tout seul dans les bois, quand il voit venir à lui un sanglier furieux ; dans ce danger pressant, il se met à genoux et invoque le secours de Dieu. Aussitôt un enfant nu paraît auprès du sanglier, monte sur son dos, le conduit à l'empereur qui le tue de son épée.

Or voici l'interprétation que S. Jérôme donna de ce songe : d'après l'historien Michel Cotignon, l'évêque, rempli de la grâce de Dieu, fit entendre à l'empereur que l'enfant, qui l'avait délivré par permission divine, était S. Cyr, auquel une chapelle était dédiée dans sa cathédrale, et que le voile qu'il lui demandait était la réparation de ladite chapelle et restitution du bien et patrimoine de ladite église...

Charles, après cette explication et un examen sérieux de la requête de S. Jérôme, lui fit rendre tout ce qui avait été ôté à ses prédécesseurs et en particulier les terres et châtellenies d'Urzy, Parzy et Prémery, et même y ajoutant d'autres biens.

---

mettre en regard les dates de l'épiscopat de S. Jérôme et du règne d'alors, pour être fixé sur le prince qui avait eu le songe. S. Jérôme était évêque de Nevers de 796 à 815 ; le règne correspondant est celui de Charlemagne (768-814) ; donc il faut lire Charlemagne au lieu de Charles-le-Chauve.

S. Jérôme, grâce à de si magnifiques libéralités, fait rebâtir son église et la met sous la protection de S. Cyr et de Ste Julitte.

— Ce qui précède explique suffisamment les armes du Chapitre et de l'Evêché.

*
* *

1º Armes du Chapitre : de gueules, au sanglier au naturel, chargé d'un S. Cyr de même, nimbé d'or.

2º Armes de l'Evêché : de gueules, à trois châteaux d'or, accompagnés de cinq fleurs de lys de même, posées en sautoir.

*
* *

La cathédrale, bâtie par S. Jérôme, s'écroule[1] est relevée par l'évêque Atton (-916) — est anéantie de nouveau, moins deux colonnes, par un incendie, en 1028; (ce sont les deux colonnes monocylindriques devant la chapelle Ste Julitte) — est

---

(1) LÉGENDE DU CHANOINE ENSEVELI SOUS LES RUINES. — Au moment où le terrible écroulement se produisit, la tradition rapporte qu'un chanoine était resté en prière après l'office. Sans doute par l'effet d'une protection divine, il fut retrouvé sain et sauf, sous les décombres, au pied d'un pilier.

rebâtie en 1028 par l'évêque Hugues II, ou de Champallement, surnommé le Grand.

CRYPTE DE SAINTE JULITTE

Les cryptes sont en général une preuve d'antiquité des églises. Celles qui sont relativement récentes donnent à supposer qu'elles entraient dans le plan de monuments plus anciens, dont on voulait conserver de précieux souvenirs.

*
* *

La crypte de Sainte-Julitte est à trois nefs, de trois travées chacune.

Les arcs doubleaux de la nef centrale sont composés de grosses moulures toriques ; ceux des collatéraux, de larges plates-bandes. Les piliers de la nef sont flanqués de colonnes cantonnées en croix. En guise de chapiteaux, un épais tailloir, coupé en chanfrein est garni aux angles d'une baguette légèrement accentuée. Toutes les voûtes sont à arêtes.

Deux galeries latérales, dans la deuxième travée, ont leur porte dans la crypte. La galerie du midi fut destinée, en 1776, par les chanoines, à servir de sépulture aux membres du Chapitre. Les restes de dix chanoines y ont pris place. Quant à la galerie opposée, on la réserva comme charnier à la paroisse S. Jean, unie à la cathédrale.

* * *

Dans la nef du milieu, à l'opposé de l'autel, est un beau groupe de la mise de Notre-Seigneur au Tombeau. La Ste Vierge est soutenue par S. Jean et entourée de Marie-Madeleine et Salomé et des saintes femmes portant les parfums. Nicodème est à la tête du Sauveur, et, à ses pieds, Joseph d'Arimathie richement vêtu. Ce groupe, de grandeur naturelle, est de l'époque de la Renaissance.

CHAPELLE ET FRESQUE DE Sᵗᵉ JULITTE

CETTE chapelle, élevée de treize marches, surmonte la crypte ; elle est ajourée de trois baies cintrées, encadrées par un cordon billeté qui se prolonge tout à l'entour, à la hauteur de la naissance des cintres. Comme moyen de consolidation, on voit, sous chaque fenêtre, un cintre formé de claveaux régulièrement appareillés et remplis de maçonnerie. Sur les parois, les arcatures en plein cintre alternent avec des arcatures plus étroites surhaussées. Les chapiteaux sont très simples, — à l'exception de ceux de l'arc triomphal, — en beaux feuillages bien ciselés.

La fresque de la voûte remonte au temps de la construction elle-même.

Elle semble l'interprétation de cette devise : *Chistus vincit, Christus regnat, Christus imperat*. En effet, c'est le Christ triomphant : assis avec majesté sur un trône, couvert du *pallium* impérial, il bénit de la main droite et tient dans la main gauche, au-dessus du genou, la boule du monde

surmontée de la croix. La figure garnie de barbe, annonce l'âge de la force et conserve le type byzantin.

*
* *

En 1211, un incendie détruit plus de la moitié de la cathédrale et laisse debout seulement la chapelle Ste Julitte, une partie du transept et l'absidiole actuelle des fonts, le transept avec les deux colonnes d'Atton.

PIERRES EN SAILLIE OU CORBEAUX

Les trois pierres en saillie dans le mur du transept, au-dessus de la chapelle à double arcade ogivale, du côté du nord, étaient destinées à porter des poutres, sur lesquelles reposait la charpente apparente des voûtes.

*
* *

L'évêque Guillaume de Saint Lazare, de 1201 à 1221) se remet à l'œuvre et construit la cathédrale sur un plan plus vaste ; les cinq travées de la nef et les trois chapelles absidales à l'orient sont de cette époque. — La partie du milieu, c'est-à-dire le chœur et le sanctuaire, est devenue plus tard la proie des flammes.

VISITE DES CHAPELLES, EN COMMENÇANT PAR LA GAUCHE

Il est temps de commencer la visite de détails.

1re CHAPELLE. — DU XVe SIÈCLE

Ancienne chapelle paroissiale de l'église Saint-Jean et construite sur l'emplacement de la sacristie de cette église ; puis chapelle des Regnard, qui y avaient leur sépulture ; actuellement chapelle de N.-D. de Lourdes.

Au-dessus de l'autel, une fresque récente, de MM. Verdier et Dreux représente l'institution à Nevers, en 1619, de l'ordre de l'Immaculée-Conception par Charles de Gonzague, duc de Nevers.

Devant l'autel, tombe de Mgr de Ladoue, évêque de Nevers, consacré à Lourdes en 1873, mort en 1877.

Le vitrail représente l'apparition de la Ste Vierge à Bernadette, morte religieuse de la Congrégation des Sœurs de la Charité et Instruction chrétienne de Nevers.

2e CHAPELLE. — ROMANE DU XIe SIÈCLE

Maintenant chapelle des Fonts, jadis église de la paroisse de Saint-Jean, unie à la cathédrale[1].

L'église Saint-Jean était, en réalité, l'église paroissiale de la cathédrale, ayant juridiction sur le cloître Saint-Cyr, sur l'évêché, le château et les maisons seigneuriales des princes de Nevers ; et l'église de Saint-Cyr et de Sainte-Julitte était l'église cathédrale, non paroisse, où se célébraient les cérémonies pontificales, en même temps que l'église du Chapitre, où les chanoines récitaient l'office en commun.

En 1791, une loi portant circonscription des paroisses de Nevers, les réduit à deux seulement : la paroisse cathédrale (paroisse créée) et la paroisse Saint-Etienne.

On remarque dans le mur, du côté de l'évangile une niche très gracieuse de la fin du XVe siècle ; c'était l'armoire du Saint-Sacrement. Les armoires eucharistiques ont été remplacées par les tabernacles.

3e CHAPELLE. — XIVe SIÈCLE

Du Sacré-Cœur. Dans une belle fenêtre

---

(1) L'église primitive de Saint-Jean, située près de l'Evêché, sur l'emplacement actuel du pensionnat de la Sainte-Famille, ayant été en partie brûlée, fut transférée, vers le

flamboyante, le vitrail représente les anges en adoration devant l'agneau de la céleste Jérusalem, immolé depuis le commencement du monde.

La voûte, à nervures prismatiques, repose aux angles sur des anges à philactères. — Dans les autres chapelles du même style, les sujets des supports offrent de la variété : anges musiciens, moines avec livres ou banderolles, écussons, feuilles de chou déchiquetées, singe qui joue de la musette...

4e CHAPELLE. — XVe SIÈCLE

De Ste Claire, qui était invoquée pour la guérison des maux d'yeux.

Un tableau sur bois, à personnages expressifs, représente la compassion de la Sainte-Vierge et serait, dit l'inscription du bas, « la copie d'un tableau de S. Luc, conservé dans l'église de Santa-Maria Nuova, à Rome. »

5e CHAPELLE. — XVe SIÈCLE

De Ste Solange ; son culte fut très populaire à cause du voisinage du Berry, où son sanctuaire attirait de nombreux pèlerinages.

XIIIe siècle, à la cathédrale. Les offices paroissiaux se célébraient dans la chapelle Saint-Jean et la partie antérieure du transept qui y correspond.

La statue de la sainte filant au fuseau rappelle sa modeste condition de fille des champs.

Il y a une gracieuse piscine.

6ᵉ CHAPELLE. — XVᵉ SIÈCLE

De la Passion, et ensuite de S. François. Ancienne peinture du crucifiement, avec la Sᵗᵉ Vierge, S. Jean, Sᵗᵉ Madeleine et un personnage à genoux, sans doute le donateur. — En arrière-plan, la ville de Jérusalem n'est autre que la ville de Nevers, avec ses tours et ses fortifications, que l'on reconnaît d'après les dessins de Nevers au XVᵉ siècle.

Une étoffe simulée, nouée aux angles du haut, semée de fleurs de lys, devait avoir pour but de faire ressortir un groupe surmontant l'autel. D'après les contours du vide de décoration, on suit la forme d'une statue de la Sᵗᵉ Vierge assise tenant sur ses genoux Notre-Seigneur déposé de la croix ; de chaque côté une statue droite était adossée au mur. La console longue qui supportait ces statues a son analogue dans la chapelle 17ᵉ, de S. André.

PEINTURES ET INSCRIPTIONS SUR LE MUR DE CLOTURE DU CHŒUR

En face du portail septentrional, il y a plusieurs peintures murales.

D'abord, on voit un prêtre agenouillé, les mains jointes, revêtu d'une chasuble antique, devant S. Jean debout, dont il ne reste plus que la tête nimbée.

Le pieux curé lui adresse cette prière, écrite sur une banderolle qui sort de ses mains :

O VERE CHRISTI PRECURSOR
TE QUESO SEMPER PRO ME SIS
APUD DOMINUM INTERCESSOR
NE PUNIAR PRO OFFENSIS(1)

Au-dessus de la tête du défunt, est une autre inscription, en vers français :

---

(1) O vrai précurseur du Christ, je t'en supplie, ne cesse d'intercéder pour moi devant le Seigneur, pour qu'il ne me punisse pas pour mes offenses.

CI GIT DEVANT CETTE PEINTURE
SOUS UN TUMBEL SENZ ESBRIPTURE
CIRE ETIENNE FEU CURÉ
DE SAINCT JEHAN TANT A PROCURÉ
ET FAIT PAR SON LOYAL SERVISE
COMME VRAI AMY DE L'EGLISE
ET TREPASSA COMME JE SCENZ
EN L'AN DE GRACE MIL TROIS CENZ
QUATRE VINS ET NEUF AU MOIS D'AOUST
NONRE SIRE LUI DOINGT LE GOUST
DE PARADIS. PAR DE PITE
DITES AVE POUR AMITE.

Une autre peinture, mieux conservée, du commencement du XVe siècle, représente un chanoine assisté de S. Pierre, son patron; il est à genoux devant la Sainte Vierge assise et tenant l'enfant Jésus. On lit, sur un ruban qui sort de la bouche du chanoine : *Miserere mei, Deus, secundum magnam misericordium tuam.*

JÉSUS, QUI VIENDRAS JUGER MORS ET VIFS
DONE MOY A LA FIN PARADIS.

Au-dessous on lit :

CY GIST DEVANT SOUBZ UNE TUMBE SIGNÉE PAR FIGURE ENSEVELIE MESSIRE SIMON LAURENDREAULT JADIS DOYEN DE FRASNAY ET CHANOINE DE NEVERS QUI TRÉPASSA L'AN MCCCCLXV LE XIIe

JOUR DU MOIS DE MARS. PRIEZ DIEU QUE PAR SA GRACE DE SES PECHIEZ PARDON LUI FACE. AMEN. VOUS QUI PAR ICI PASSÉS, PRIÉS DIEU POUR LES TRÉPASSÉS.

NICHE DE S. CHRISTOPHE

Continuant la visite des chapelles, nous passons devant la niche où était autrefois la grande statue de S. Christophe, dont il ne reste plus que le socle ; la statue est à Marzy.— Ne reviendra-t-elle pas un jour reprendre son ancienne place, qui l'attend ?

7ᵉ CHAPELLE. — XVᵉ SIÈCLE

De Notre-Dame-la-Blanche ou de l'Assomption. Elle conserve de faibles restes de sa voûte si riche, garnie de nervures à arcatures trilobées, qui venaient se réunir à la clef de voûte, en un magnifique pendentif.

Elle a été aussi dédiée à S. Claude.

*
* *

Le bas-relief représente la Mort, l'Assomption et le Couronnement de la Sainte Vierge au Ciel.

1º Auprès du lit, c'est N. S. qui a reçu l'âme de la Ste Vierge; tous les apôtres, moins S. Thomas, sont présents et reconnaissables à leurs attributs.

Sur le devant, on voit aux pieds de la Sainte-Vierge, S. Pierre avec la clé, S. Paul avec l'épée, S. Mathias avec la hache qui lui trancha le cou, S. Jacques le Mineur avec la masse du foulon. A la tête du lit, S. Jean avec une expression affligée, soutenant de la main gauche la tête de la Sainte-Vierge, porte une palme à la main. S. Mathieu porte la pique dont il fut percé et un coffret ou une bourse pour rappeler qu'il avait été manieur d'argent. S. Barthélemy se reconconnaît au couteau qui a servi à l'écorcher vif. Un autre apôtre, qui ne peut être que S. Simon, n'a aucun attribut. Ensuite on voit S. Philippe avec une croix processionnelle mutilée. Enfin paraît S. André désigné par la croix en sautoir. S. Thomas est absent, conformément à la tradition.

2º Au-dessus de cette scène, c'est l'Assomption de la Bienheureuse Vierge Marie; elle s'élève en corps et en âme vers le ciel et Jésus l'accompagne et la soutient. Une multitude d'anges escorte leur reine et quatre d'entre eux tiennent les bâtons d'un dais qui recouvre le Sauveur et Marie. D'autres anges, portés sur des nuages forment une couronne, qui encadre le second et le troisième tableau.

3º Dans le tableau du haut, sous un autre dais, d'où part une gloire avec des rayons scintillants, sont assises deux des personnes divines : le Père en Pape, portant la boule du monde et le Saint-Esprit probablement, sous la forme d'un jeune homme; car N.-S. J.-C. accompagne sa Sainte Mère.
— Et ainsi se trouve représentée toute la Sainte-Trinité, qui l'aurait pu être différemment, si la personne du Fils est figurée à la fois, dans le deuxième et le troisième; la place de la colombe, symbole du Saint-Esprit, n'était-elle pas toute indiquée, brochant sur les rayons de la gloire divine?

*
* *

On présume que cette chapelle est de la fondation de Pierre d'Armes, ou qu'au moins il serait le donateur du bas-relief; car sur une ancienne dalle, on lisait :

. . . PERSONNE MAITRE PIERRE D'ARMES

et on voit aussi, dans la guirlande de l'entablement, l'écusson des seigneurs d'Armes. On sait que Pierre d'Armes était, en 1444, chanoine et archidiacre de la cathédrale.

Sur la corniche, un évêque, en habits pontificaux, est à genoux ; on lui a ajouté à tort une tête de plâtre, attendu qu'il y avait autrefois, à côté, un soldat debout, venant de le décapiter d'un coup d'épée. Ne serait-ce pas la statue de Pierre Paschal, évêque martyr, 6 X^{bre}, et patron de Pierre d'Armes ?

8e CHAPELLE. — XVe SIÈCLE

DE SAINTE ANNE, DE SAINT JULIEN ET AUSSI DES PRINCES

C'est dans cette chapelle que le comte de Nevers, Jean de Bourgogne, dit de Clamecy, fit exécuter ce grand et magnifique rétable qui, malgré ses mutilations, reste un des plus beaux monuments de la cathédrale.

*
* *

La vie de S. Jean-Baptiste est reproduite d'après le récit évangélique ; elle commence par le haut, à gauche du visiteur. et se déroule en cinq zônes zigzaguées qui forment dix-huit tableaux, coupés d'animaux de toute sorte et de scènes domestiques, champêtres ou grotestes les plus variées : la chasse, la pêche à la ligne, jeune fille puisant de l'eau, berger avec ses moutons, bouvier faisant sortir ses bœufs de l'étable, meunier conduisant au moulin son âne chargé de sacs, marchand endormi au pied d'un arbre, tandis qu'une troupe de singes prend ses ébats autour de lui, l'un ouvrant sa balle et examinant les marchandises, un autre lui tirant ses bottes.

1er tableau. — L'ange apparaît à Zacharie qui est au pied de l'autel des Parfums et tient l'encensoir.

2e tableau. — Zacharie annonce par gestes au peuple qu'il est arrivé quelque chose de merveilleux.

3e tableau. — La Ste Vierge accompagnée de S. Joseph vient visiter sa cousine Elisabeth. S. Joseph serre la main à Zacharie.

4e tableau. — Une femme tient un enfant emmailloté ; c'est S. Jean. Sa mère dans un lit est entourée de deux servantes.

5e tableau. — Plusieurs personnes discutent le nom à donner à l'enfant. Zacharie écrit sur un parchemin le nom de Jean.

6e tableau. — S. Jean, prêchant dans le désert, semble soutenu par deux anges.

7e tableau. — Un grand nombre de personnes se presse sur les bords du Jourdain. Notre Seigneur est baptisé par S. Jean, et le buste de Dieu le Père paraît au milieu des nuages.

8e tableau. — Une députation est envoyée à S. Jean pour lui demander s'il n'était pas le Messie. Il déclare qu'il n'est ni le Christ, ni Elie, ni prophète, mais la voix de Celui qui crie dans le désert : " *Préparez la voie du Seigneur.* "

9e tableau. — Au milieu d'un groupe, un personnage est occupé à feuilleter un livre, pour étudier ce qui se rapporte à Jésus ou à son Précurseur.

10e tableau. — S. Jean, assis sur un rocher, et joignant les mains, semble vouloir affirmer par gestes ce qu'il dit, en présence de deux hommes debout devant lui.

11e tableau. — Des personnes de toute condition vont entendre Jean et lui demander le baptême de la pénitence.

12e tableau. — Voici même des soldats, venant par les défilés des montagnes: les uns sont à cheval, d'autres sur des chameaux; un trompette est en tête de la troupe.

13e tableau. — Des apôtres, reconnaissables à leurs pieds nus, et dont l'un est S. Pierre, désigné par la clé, se mêlent au groupe qui entoure S. Jean.

14e tableau. — Deux individus sont baptisés par S. Jean, tandis qu'un autre qui a les pieds nus, (un apôtre) se met à genoux du côté d'un personnage qui paraît sur les bords de l'eau; Jean semble dire : *Voici l'Agneau de Dieu*.

15e tableau. — Jean garroté est conduit en prison entre deux soldats.

16e tableau. — Sous une tente, c'est l'horrible festin, pendant lequel la fille d'Hérodiade vient demander la tête de S. Jean Baptiste.

17e tableau. — De l'autre côté de la tente, on voit la porte de la prison entr'ouverte; Jean vient d'en sortir et il est à genoux devant le garde qui lui tranche la tête.

18e tableau. — Enfin, deux disciples du saint Précurseur emportant son corps sur une civière, la tête de Jean posée devant ses pieds.

A première vue, tout le monde est frappé de la beauté de ce chef-d'œuvre.

L'artiste en est inconnu. Son donateur est Jean de Bourgogne, en mémoire de son saint patron ; ses armes se voient sur la maison d'Hébron, sur l'autel des Parfums, ainsi que sur la bordure du bas-relief. Dans cette même bordure, d'autres armes sont celles de Françoise d'Albret, qu'il épousa en 1479,

Ce rétable a donc été composé entre cette dernière date et l'année de sa mort en 1491.

9e CHAPELLE. — FIN DU XIIIe SIÈCLE

De S. Marcel, de S. Saturnin ou plutôt de S. Symphorien.

10e CHAPELLE. — FIN DU XIIIe SIÈCLE

De S. Nicolas, de S. Eloi, de S. Firmin, aujourd'hui de S. Antoine, Sur le mur, au bas d'une épitaphe mutilée, est représenté un chanoine, accosté de S. Pierre, son patron.

11e CHAPELLE. — XIIIe SIÈCLE

Cette chapelle, avec les deux suivantes, forme un groupe comme de trois sœurs jumelles : gracieuses, lumineuses, elles sont ornées d'arcatures délicates, et ajourées de cinq baies géminées. Elles offrent aussi une particularité qui ne se rencontre plus après le XIIIe siècle : chacune est pourvue d'une piscine double, dont l'une, plus simple, sert pour la première ablution, et l'autre, plus ornée, pour la seconde ablution, après la communion du prêtre. Cet usage d'une double piscine, qui a cessé après le XIIIe siècle, est donc une attestation de plus, qui sert à fixer la date de ces chapelles.

*
* *

La onzième chapelle s'appela de S. Agnan, ensuite des Trois-Rois, à cause d'un tableau de l'Epiphanie; aujourd'hui, c'est la chapelle Saint-Joseph.

Sur une dalle, on déchiffre l'épitaphe de Gaspard Leblanc, chanoine, décédé le 7 mai 1756, qui dédia l'autel à son saint patron Gaspard, et avait fait décorer la chapelle à ses frais.

12e CHAPELLE. — XIIIe SIÈCLE

Autrefois de Ste Léocadie, puis de N.-D.

de Grâce, ensuite de N.-D, des Chapelles et aujourd'hui chapelle de la Ste Vierge.

Depuis bien des siècles, la dévotion de la Ste Vierge y est en honneur.

13ᵉ CHAPELLE. — XIIIᵉ SIÈCLE

La chapelle, placée à gauche de celle de la Ste Vierge, a été dédiée à S. Mathias, à S. Barthélemy et enfin à S. Lazare.

Une tombe en marbre noir porte les armoiries d'Eustache du Lys, avec cette épitaphe :

> CY GIST .... EUSTACHE DU LYS ÉVÈQUE
> DE NEVERS LE QUEL A FONDÉ SIX
> SALUTS QUI SE DOIVENT DIRE A
> PERPÉTUITÉ EN CETTE CATHÉDRALE
> CONFORMÉMENT AUX CONTRACTZ
> SCAVOIR LES JOURS DES FESTES DE
> LA PENTECOSTE, DE LA TRINITÉ, ST
> SACREMENT, ST-CYRE, L'ASSOMPTION,
> N^{re} DAME A VII DU SOIR ET
> DE TOUSSAINCTZ APRÈS VÊPRES, LA
> SOLEMNITÉ DE LA FÊTE DE SAINCT
> EUSTACHE LE XX SEPTEMBRE ET UN
> ANNIVERSAIRE SOLENNEL LE IO^R
> DE SON DÉCEZ ARRIVÉ LE XVII
> JUIN MVI^C XLIII, DE SON AGE IIII^{XX}II
> ET DE SON ÉPISCOPAT LE XXXVII
>   PASSANTS PRIEZ POUR LUI.

On lit sur la bordure :

PAR LES SOINS D'EUSTACHE DE CHÉRY
SON NEVEU ET SON SUCCESSEUR.

14ᵉ CHAPELLE

Autrefois de Ste Madeleine et aujourd'hui de S. Laurent.

Au-dessus de l'autel est une statue de S. Laurent, provenant de l'ancienne église de ce nom avant la Révolution.

15ᵉ CHAPELLE

De S. Georges, de S. Louis. de l'autel des Féries.

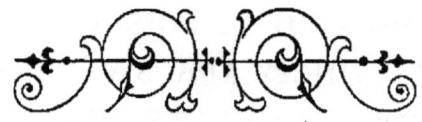

PEINTURES ET INSCRIPTIONS MURALES

Dans l'intervalle entre la quinzième chapelle et la suivante, nous rencontrons des peintures et inscriptions, sur le mur de clôture du chœur.

On voyait un chanoine en soutane rouge, l'aumusse au bras, agenouillé dans un cimetière. On apercevait aussi un cadavre décharné et rongé par les vers, levant les mains du côté d'une croix surmontant des gradins.

Une inscription tenue par le chanoine est ainsi conçue :

Me collocet cum sanctorum agmine XRS crucem qui rigavit sanguine.(1)

Les deux inscriptions suivantes sortent des mains du cadavre :

---

(1) Que le Christ, qui a arrosé la croix de son sang, me donne place dans l'assemblée des saints !

Apparebo vivus et laudabo eum qui vermibus
nunc esca sum.(1)
Las jeusse fait biaucop de biens
Seusse cuidé venir cy ens.(2)

Enfin au-dessous de la composition :

Erras si speres quod plus te diligit hœres,
Sub terra positum quam tu te diligis ipsum.
Da bona dum tua sunt, post mortem tua non sunt.
(3)

16ᵉ Chapelle. — Fin du XVᵉ siècle

C'est la chapelle dite de Fontenay, de S. Pierre et des Morts.

La cloison Renaissance, à colonnes composites, qui la précède, porte la date de 1550.

On lit en haut sur la frise de la balustrade :

Ἡδονῆς τελος συμφορα
VOLUPTATIS FINIS CALAMITAS(4)

Μνησθης εσχατων
MEMENTO NOVISSIMORUM(5)

en bas sur le socle de chaque côté :

---

(1) J'apparaîtrai vivant et je louerai mon Dieu, moi qui suis maintenant la nourriture des vers.
(2) Hélas ! j'eusse fait beaucoup de bien, si j'eusse pensé venir ici.
(3) Tu te trompes, si tu crois que tes héritiers t'aimeront plus après ta mort, que tu t'aimes toi-même. Donne de tes biens, pendant qu'ils sont à toi ; après la mort, ils ne t'appartiennent plus.
(4) La peine succède au plaisir.
(5) Souviens-toi de tes fins dernières.

Μη τεν αγαν, η ελασσον Μετρον αριστον επι πασιν
NE QUID NINIS AUT MINUS⁽¹⁾ MENSURA OPTIMA IN OMNIBUS⁽²⁾

A l'intérieur, au dessus du linteau, on lit : SANTCTIFICAMINI, MUNDATE DOMUM DOMINI ET AUFERTE OMNEM IMMUNDITIAM DE SANCTUARIO. II *Paral.* XXIX, 5, 6. — (Sanctifiez-vous, purifiez la maison du Seigneur et faites disparaître toute impureté du sanctuaire).

Mgr de Pierre de Fontenay fit bâtir cette chapelle ; il est mort en 1499. Cotignon dit que « son effigie en pierre était à un des côtés de l'autel ». Cet évêque, décapité, à genoux, en habits pontificaux, qui est sur une crédence, est donc, à n'en pas douter, l'effigie du pieux et très généreux évêque.

17ᵉ CHAPELLE. — XVᵉ SIÈCLE

De Sᵗᵉ Catherine, aujourd'hui de S. André.

A remarquer une riche piscine et au-dessus de l'autel une gracieuse et large console qui porte la statue de S. François-Xavier.

Les restes des « Révérends Pères en Dieu :

---

(1) Ni trop, ni trop peu.
(2) Très bonne mesure en tout.

Mgr Jean d'Estampes, évêque de Carcassonne, et Mgr Jean d'Estampes, son frère, évêque de Nevers, décédé le 24 X^{bre} 1462, » reposent dans cette chapelle.

18ᵉ CHAPELLE. — XVᵉ SIÈCLE

Elle s'appelle la chapelle de N.-D. de Bonne-Nouvelle ou de l'Annonciation « en mémoire et remembrance, dit le chanoine Jean Royer, qui y est inhumé, des bonnes nouvelles que l'ange Gabriel apporta à la benoîte Vierge Marie, quand il lui annonça la nouvelle en disant : AVE GRACIA PLENA[1] ».

Le rétable qui surmonte l'autel a subi de telles mutilations, qu'il est difficile de le décrire en détail.

Il représente deux scènes principales : la Nativité de Notre Seigneur et l'arrivée des Mages.

1º La Nativité. De ce tableau il ne reste plus aucun personnage. La claie en bois tressé est intacte ; l'âne est affreusement mutilé.

2º L'arrivée des Mages. Ils descendent les défilés des montagnes avec une suite nombreuse à cheval, sur des chameaux, à pied.

---

(1) Dans un acte de fondation daté de 1457.

Une troisième scène devait représenter le massacre des Innocents ; on croit reconnaître un personnage assis sur un trône (Hérode), avec des serviteurs ou officiers, et en face une femme mutilée étend les bras avec désespoir, et une autre gît par terre.

Dans le haut du tableau, qui n'a pas trop souffert, ce sont les montagnes de Bethléem et de la Judée, avec des châteaux-forts, des villages, un moulin à vent.

19e CHAPELLE. — XVe SIÈCLE

De Saint Sébastien ou des Mige.

Admirez, comme clé de voûte, cet ange qui semble descendre du Ciel, pour remplir une mission sur la terre, et qui est suspendu par l'extrémité inférieure de sa longue robe.

Cette chapelle fut longtemps des plus célèbres de la cathédrale par la dévotion à S. Sébastien, à qui elle était dédiée. Le saint était invoqué pour la préservation des pestes et des épidémies.

*
* *

C'était en 1732, le *Vœu de la Bougie* fut renouvelé. Et cette bougie — de la longueur du circuit des murs de la ville — fut portée par les chevaliers de S. Charles, au son des tambours et autres instruments, à la chapelle S. Sébastien. En avant de la chapelle, avaient été disposés des bancs pour le clergé et la musique ; dans la nef, des sièges pour messieurs du bailliage, les avocats et procureurs généraux, pour l'Hôtel de Ville et les vingt-quatre conseillers.

Mgr Charles Fontaine des Montées célèbre la grand'messe, puis monte au jubé, *comme l'endroit le plus éminent, pour faire entendre la parole au peuple.*

La procession générale se remet en ordre, se rend à la chapelle de S. Sébastien, sur la place actuelle de ce nom, revient à l'église S. Cyr. Tous les corps reprennent leurs rangs par devant la chapelle, où Monseigneur, à genoux au pied de l'autel, après avoir rendu grâce à Dieu, donna la bénédiction au peuple assemblé.

***

Cette chapelle porte aussi le nom de chapelle des Mige, parce qu'elle fut bâtie par cette famille, qu'elle fut l'objet de fondations de la part de plusieurs membres de cette famille, et qu'elle fut leur lieu de sépulture.

L'inscription gothique contre le tourillon est un acte de fondation et aussi l'épitaphe

de « vénérable et discrète personne Jean Mige, licencié en loiz et décret, chanoine de Nevers et curé de Cours-soubz-Masgny, nepveu de feu maistre Guillaume Mige..... »

...... SAINT SÉBASTIEN
...... TOUS LES JOURS UNE
...... DU SAMEDY
...... MAISTRE ET
...... DE LA DITE ÉGLISE PAR L'ORDRE
......AT DE MESSEIGNEURS LES DIEN
...... EN PAR LES CHAPELAINS
...... EIN A FONDE ...... A CE SAINT
...... NEVERS A NEUF..... QUIS
PAR AVANT N'ESTAIT QUE A TROIS ET CE DIT JOUR
UNG ANNIVERSAIRE SOLENNEL VIGILLES DE LADIC
MESSE DE MORS SOLENNELLE ET MISERERE DEPROFU
DIS : LIBERA ME COME EST DE COSTUME EN LESGLISE
..... AIRE LES AUTRES ANNIVES SOLLENBLZ ITEM
UN AUTRE ANNIVE SOLENEL LE JOUR QUE
TRÉPASSA COMME DESSUS, ITEM A FAIT FAIRE LE SE
PULCRE DE SEANS A SES DÉPENS PRIES DIEU
POUR LUY ET LES TRESPASSÉS : AMEN
CY GIST VEN ET DISCRETE PERSONE ME JE MIGE
LICEN EN LOIZ ET EN DECRET CHAN DE NEUS ET CURE
DE COURS SOUS MAGNY NEPUEU DE FEU MAISTRE
GUILLAUME MIGE LEQUEL TSPASSA LA VEILLE
SAINT SEBASTIEN LAN M CCCC LXX UN ET A FODE
{ENCESTE
EGLISE UNG ANIUSAIRE SOLENNEL LE JOR DE SON
OBIT ET UN DE PROFUNDIS EN CESTE CHAPELLE

A DIRE A DEUX FOIZ LE JOR APPETUEL P LES
ENFANTS D AULBE DE CESTE ET EGLISE CEST A
SR LU APS MATINE ET LAUTRE LE SOIR A
VEPRES, PRIES DIEU POUR LUY. AMEN.

Au milieu de la chapelle se trouve une dalle portant un ruban de marbre incrusté, sans inscription, qui marquait sans doute la place du tombeau dont il est question dans l'inscription.

Le « Maistre » semble avoir fondé à neuf leçons l'office de S. Sébastien, qui n'était que de trois auparavant.

« D'autre part une charte, du 28 octobre 1462, relate une fondation faite par Jehan Mige, chanoine de Nevers, de deux messes à dire et à célébrer chacun an en la chapelle de S. Sébastien par les bacheliers de l'église cathédrale de Saint-Cyr. [1] »

20e CHAPELLE. — XIVe SIÈCLE

La chapelle sous la tour avait jadis son autel dédié à S. Martin, dont il reste le rétable. Au milieu est le Christ en croix accosté de la Ste Vierge, de S. Jean, de S. Martin, de Ste Julitte et S. Cyr et autres saints.

---

(1) Archiv. de la préf. série G. chapelles de la cathédrale. — Boutillier, Vocables.

PORTE DE LA SALLE CAPITULAIRE
ET ESCALIER DU VESTIAIRE DES CHANOINES

La porte du Chapitre et l'escalier à jour du vestiaire des chanoines, sont une œuvre délicate et charmante du XVIe siècle.

Au-dessus de la porte, une inscription en lettres fleuries indique la destination de la salle. Des animaux variés se jouent entre les feuilles de chou finement déchiquetées.

La cage d'escalier, qui s'élève en porte à faux, est ajourée de gracieux arcs trilobés et surmontée d'un S. Michel terrassant le dragon.

LA MÉRIDIENNE DE LA CATHÉDRALE

Sur le mur du transept du midi, en se rapprochant de l'angle opposé à la porte du Chapitre, on lit, en bas, l'inscription suivante :

> ALTITUDO GNOMONIS
> 42 PEDUM 1/6
> LONGITUDO LINEÆ
> MERIDIANÆ A PEDE
> GNOM. 117 1/2
> A^o Dⁱ (ANNO DOMINI)
> 1781

Que signifie ce gnomon et cette ligne méridienne ?

C'était un cadran solaire. Un trou dans un disque, envoyait sur la ligne méridienne un rayon solaire, qui indiquait l'heure.

On ne savait qui avait dressé ce cadran. M. l'abbé Boutillier en découvrit l'auteur, au registre des délibérations de la municipalité, Conseil général de la commune de Nevers.

Le 27 frimaire, an II (17 décembre 1793) le citoyen de Brouys.... prie qu'on lui permette de faire quelques additions et changements nécessaires, pour que rien ne subsiste de l'ancien calendrier dans le temple de la Raison, ci-devant cathédrale. — Sur quoi, le Conseil général autorise ledit citoyen à faire les changements qu'il croira nécessaires à une méridienne *orizontalle* qu'il traça, en 1781, dans la nef de la ci-devant cathédrale.

Dans un instant, vous verrez extérieurement à l'angle du mur de la sacristie, à droite du portail de Loire, un autre cadran solaire également avec la date de 1781 et qui a dû être tracé par le même de Brouys.

*
* *

La promenade autour de la cathédrale

est accomplie ; nous voici revenus devant la *Chapelle Ste Julitte.*

TOMBEAUX ET INSCRIPTIONS

De chaque côté de l'escalier de la crypte on voit un tombeau du XIVe siècle, sans inscription et ornements ; il n'en a pas toujours été de même : on voit par côté la trace d'anciens écussons.

Au-dessus du tombeau placé au midi est une inscription vraiment énigmatique en vers latins, qui se traduisent ainsi :

DEVANT CETTE INSCRIPTION EST LA TOMBE DE CE [DÉFUNT
QUE PERSONNE NE DOIT OUBLIER DANS SA PRIÈRE
SA MORT ARRIVA L'AN DU SEIGNEUR 1070
ET A CE NOMBRE IL FAUT AJOUTER 303
LE 20e JOUR DU MOIS DE JUILLET,
DAIGNEZ, SEIGNEUR RÉGNER SUR LUI AMEN

Sur le pilier rond du nord, on lit une inscription incomplète :

ICI DEVANT CE PILIER SOUS LA TOMBE.... GIST DISCRÈTE PERSONNE NICOLAS DIMANCHE LAMOTET DE VITRY-LE-CROISÉ PRESTRE JADIS CHANOINE DE BAR-SUR-AUBE QUI TRÉPASSA LE.... JOUR DE MARS MIL IIII. . . . PRIEZ POUR L'AME DE. . .

Nous allons remonter par le milieu de la nef et du chœur, pour sortir par la porte du midi, ou de Loire, opposée à celle par laquelle nous sommes entrés.

INCLINAISON SYMBOLIQUE

En alignant à l'œil, à droite ou à gauche, vous remarquerez la rupture de la ligne droite et une inflexion assez prononcée. Cette déviation est symbolique, pour représenter l'inclinaison de la tête de Notre-Seigneur sur la croix. Plus généralement l'inclinaison a lieu en sens inverse à celle qui existe dans la cathédrale de Nevers, car le Christ est représenté, d'après la tradition, la tête penchée à droite.

VUE D'ENSEMBLE SUR L'INTÉRIEUR DU VAISSEAU

Malgré tant de diversités de style signalées, la cathédrale offre un ensemble harmonieux à l'œil.

La longueur totale du vaisseau est de 101^m, la hauteur de 22^m,30.

Après le transept, les cinq travées sont du XIIIe siècle. La galerie du triforium, avec ses statuettes aux pieds-droits des colonnes et les anges aux retombées des arcs trilobés, est remarquable et peu commune.

En passant devant la chaire, je dois signaler, au pied et en avant, une pierre tumulaire dont l'inscription est usée par le temps ; c'est un lieu de sépulture peu usité : l'Eglise de Nevers a voulu rendre hommage, après sa mort, à un de ses pontifes, Arnaud Sorbin, qui, de son vivant, par ses écrits et ses prédications, s'était montré le champion non moins courageux que savant et éloquent de la foi catholique contre la doctrine récente de Luther. Voici son épitaphe, heureusement conservée par Cotignon :

Cy gist très révérend Père en Dieu, messire Arnaud Sorbin, dit de Ste Foy, évêque de Nevers, prédicateur des rois Charles IX, Henri III et Henri IV ; lequel décéda a Nevers, le premier jour de mars 1606, l'an 74 de son age et 28 de son épiscopat. Priez Dieu pour son ame.

⁎⁎⁎

Un terrible incendie, en 1308, consuma le chœur de la cathédrale, moins les trois chapelles de l'abside de l'orient.

La restauration fut reprise du côté du chevet. Les cinq arceaux du fond du sanctuaire sont de la fin du XIIIe siècle ; le chœur est du commencement du XIVe. La consécration de la cathédrale eut lieu en 1331 sous l'épiscopat de Bertrand Ier et faite en grande pompe par Pierre de la Palu, Patriarche de Jérusalem.

⁎⁎⁎

Les boiseries du chœur, très belles, terminées en 1770, ne cadrent pas avec l'ensemble de l'édifice[1].

⁎⁎⁎

Le maître-autel, œuvre du sculpteur

---

(1) Bertrand Ier Gascon, d'après la Gallia, est le même que Bertrand III, d'après Mgr Crosnier.

(2) Mgr Tinseau donna 10,000 livres pour l'embellissement du chœur ; cette somme fut employée à la confection des stalles et au dallage en marbre dans le chœur.

nivernais Gautherin, a été élevé, après la guerre de 1870, par le diocèse en ex-voto, pour avoir été préservé de l'invasion ennemie.

A remarquer sur le pinacle du ciborium, la statue de S. Cyr et de Ste Julitte, et aux quatre angles les anges musiciens, et surtout, le rétable du martyre de S. Cyr et de Ste Julitte.

LE GRAND CHRIST DERRIÈRE LE MAITRE-AUTEL

Cette ancien Christ, probablement du XIIIe siècle, est digne d'attention.

Une espèce de tablier lui sert de ceinture ; la figure est maigre et allongée ; les bras sont étendus presque horizontalement. Les extrémités de la croix sont terminées par des disques, sur lesquels sont peints les animaux symboliques des évangélistes.

Il était auparavant dans la crypte de Ste Julitte.

TOMBE DE MAURICE DE COULANGES

Dans le sanctuaire, du côté de l'Evangile, une tombe en marbre noir, incrusté de marbre blanc, représente un évêque. Heureusement Parmentier nous a conservé l'épitaphe latine :

Ci git dom frère Maurice, de Coulanges-la-Vineuse, autrefois de l'ordre des frères prêcheurs d'Auxerre, qui fut lecteur des couvents de Paris et de Sens, puis confesseur des très illustres princes Charles V et Charles VI et pénitentier de Notre Seigneur le Pape et enfin évêque de Nevers. Il mourut en 1394, le 16 du mois de janvier.

HENRI DE SAXOINE, MAISTRE DE L'ŒUVRE OU ARCHITECTE

Au-dessus de la grande porte du portail de Loire ou du midi, on aperçoit une grosse moulure qui sert de cadre à une épitaphe :

Cy-devant. soubs. cette. tombe. gisent ij. vénérables chanoines de céans. maistres. Guillaume. Ono conseiller. et. maistre. de. la chambre des comptes de Monseigneur le comte de Nevers et Henri de Saxoine, licencié en médecine, recteur de l'œuvre, qui ont fondé céans chacun un anniversaire sollempnel avec II sollempnités . . . . . . trépassa le dit

Saxoine le xvxe jour de février l'an mil IIII^c LXXIV. Dieu leur pardoint[1].

Sur le mur extérieur de la sacristie, c'est-à-dire à droite, on remarque l'inscription :

Henricus de Saxonia	Henri, né de Saxoine
Natus Fabricæ Rector	Maître de l'œuvre
Nivernensis canonicus	Chanoine de Nevers
Anno Domini 1473.	L'an du Seigneur 1473.

Maître de l'œuvre, signifie architecte directeur. Tel fut le rôle du chanoine Henri de Saxoine. Je n'ai pas à rechercher quelle fut la part prise par lui dans les restaurations, embellissements et constructions nouvelles de la cathédrale, qui furent importants à son époque.

Longtemps appelé Henri de Saxe, son vrai nom est donc Henri de Saxoine.

LE PORTAIL DU MIDI

Nous sortons par le portail du midi ou de Loire. — L'évêque Pierre de Fontenay l'a élevé en 1490 ; il est précédé d'un porche sous le quel on remarque des sculptures fort élégantes.

---

[1] Pardonne.

LA TOUR BOYER

La première partie, depuis le sol jusqu'à la galerie inférieure, date, comme le chœur, des dernières années du XIVe siècle. La tour, restée inachevée, a été continuée en 1509 par l'évêque, Mgr Boyer, et terminée en 1528. La partie la plus curieuse par son ornementation est assurément l'étage intermédiaire. Outre les deux statues de l'étage inférieur, 43 statues de 3m garnissent les étages supérieurs.

Je ne puis entreprendre de décrire toutes ces statues des personnages de l'ancien testament, les Apôtres et autres saints.

La tour, haute de 51m50, est peut-être *la plus remarquable de cette époque en France.*

BASILIQUE

SAINT CYR et SAINTE JULITTE

ÉGLISE CATHÉDRALE DE NEVERS

Comment pourrions-nous omettre de dire au moins un mot du titre de Basilique dont jouit la cathédrale de Nevers ?

Dans plusieurs actes émanant du Souverain Pontife, l'Eglise de Nevers fut qualifiée d'*Insigne Eglise*, tant à cause de son ancienneté que de sa foi inébranlable, es rapports d'amitié, signalés par l'histoire, ntre des Evêques de Nevers et des Pontifes Romains, et du grand nombre des saints évêques et des saints d'autre condition, qui lui forment une si belle auréole.

Dans un voyage *ad limina*, en 1868, un évêque de Nevers, Mgr Forcade, était heureux et fier de rappeler au grand pape Pie IX tant de glorieux souvenirs. En considération des faits cités, Sa Sainteté Pie IX daignait conférer à la cathédrale de Nevers le privilège assez rare de Basilique mineure et, de fait, elle est affiliée à la Basilique majeure de S. Jean de Latran, Mère et Maîtresse de toutes les Eglises, et jouit de tous les droits, faveurs et indulgences attachés à la Basilique de S. Jean de Latran.

La *Semaine Religieuse* du 24 février 1868, entre autres privilèges accordés à la Cathédrale Saint-Cyr et Sainte-Julitte, décrit les insignes basilicaux, qui sont une clochette suspendue à un beffroi en bois doré et un pavillon à bandes alternées de soie rouge et jaune et qui doivent précéder le chapitre dans les processions.

La *Semaine Religieuse* du 9 mars 1868, en annonçant l'affiliation de la Basilique mineure de Nevers à la Basilique majeure de Saint-Jean-de-Latran, Mère et Maîtresse de toutes les Eglises, déclare que la Basilique de Nevers jouit de toutes les faveurs et indulgences de la Basilique Saint-Jean-de-Latran elle-même, et elle publie la liste de toutes les indulgences qui peuvent y être gagnées et qui sont applicables aux vivants et aux âmes du Purgatoire.

INDULGENCES

A gagner dans la Basilique de Saint-Cyr et de Sainte-Julitte, en conséquence de son affiliation à l'Archibasilique de Saint-Jean-de-Latran.

I° *Indulgence plénière* à tous ceux qui, contrits de cœur, s'étant confessés et ayant communié, visiteront la basilique et y prieront aux intentions du Souverain Pontife les jours suivants :

Ascension, — Nativité de S. Jean-Baptiste, — Fête des SS. Apôtres Pierre et Paul, — Fête de S. Jean l'Evangéliste, — Dédicace de la Basilique de Saint-Jean-de-Latran (9 novembre).

II° *Indulgence de sept ans et de sept quarantaines* à ceux qui, contrits de cœur et s'étant confessés, visiteront la Basilique et y prieront aux intentions du Souverain Pontife aux fêtes des autres Apôtres, savoir :

S. André, S. Jacques, S. Thomas, S. Philippe et S. Jacques, S. Barthélemy, S. Mathieu, S. Simon, S. Jude et S. Mathias.

III° *Indulgence de quatre ans et quatre quarantaines* à ceux qui, contrits de leurs péchés et ayant dessein de s'en confesser, visiteront la Basilique et y prieront aux intentions du Souverain Pontife chaque jour de l'Avent et du Carême.

IV° *Indulgence de cent jours*, aux mêmes conditions que ci-dessus (n° III.), chaque jour de l'année, en dehors de l'Avent et du Carême.

V° Enfin, les jours des stations de Latran, c'est-à-dire le premier dimanche de Carême, — le Dimanche des Rameaux, — le Jeudi et le Samedi Saints, — le Samedi dans l'Octave de Pâques, — le mardi des Rogations, — le samedi Vigile de la Pentecôte, on peut gagner, aux conditions ci-dessus (n° III.), les indulgences dites *Stationales*, que gagnent ceux qui, ces jours-là, visitent l'Eglise même de Latran.

Toutes ces indulgences sont applicables aux âmes du Purgatoire.

Vu et reconnu authentique :

Nevers, 6 mars 1868.

† Augustin, *Ev. de Nevers.*

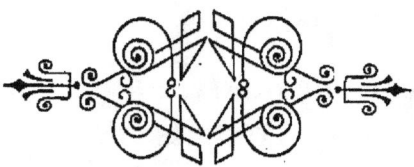

LISTE CHRONOLOGIQUE

DES ÉVÊQUES DE NEVERS

PEUT-ÊTRE quelques visiteurs étrangers trouveront-ils intérêt à parcourir la liste de nos évêques; assurément elle offrira plus d'attrait aux fidèles du diocèse de Nevers.

On remarquera le grand nombre des évêques de Nevers inscrits au nombre des saints.

Plusieurs sont morts en odeur de sainteté.

C'est un fait constant, que notre histoire locale enregistre avec fierté, que la science, la piété et la vertu se sont assises, depuis l'origine et sans interruption, sur le siège des Evêques de Nevers.

Dans le cours de ce petit Guide, nous avons cité ceux que les circonstances trouvaient toujours prêts à témoigner de leur zèle pour la maison de Dieu, ce temple de pierre élevé de main d'homme, où le Seigneur est honoré et prié, non moins que de la munificence de leur générosité quand il s'agissait de relever, de toutes pièces ou en partie leur chère cathédrale.

Les uns nourrissaient, en temps de disette, jusqu'à deux mille pauvres par jour ; d'autres faisaient aux hôpitaux des largesses princières ; d'autres élèvent des séminaires, des maisons d'éducation pour la jeunesse chrétienne, des asiles de retraite pour les vieillards, des établissements de refuge et de pénitence, aident à la naissance et au développement de notre admirable Congrégation des Sœurs de la Charité et Instruction chrétienne de Nevers, bâtissent des sanctuaires...

Un philosophe anglais, Cobbett, protestant, reconnaît que les évêques ont fait la France, comme les abeilles font leur ruche.

Pour le Nivernais en particulier, la vérification de cette parole n'est-elle pas manifeste ?

*
* *

Des auteurs prétendent que *Noviodunum* est une des premières villes des Gaules où l'Evangile fut annoncé. Ce qui est certain, c'est que la contrée, qui forma plus tard le Nivernais, eut ses apôtres dès les premiers siècles de l'Eglise.

Au commencement du VIe siècle, S. Eulade ouvre la série des évêques de Nevers.

1. St EULADE 505-516.
2. TAURICIEN 517-537.
3. RUSTIQUE 538-548.
4. S^t ARÉ 549-558.

5. Euphrone 558-566.
6. St Æolade 566-580.
7. St Arigle 580-594.
8. Furcile ou Fulcile (décoré par plusieurs du titre de saint) 594-613.
9. Rauraque 613-655.
10. Léodebaud vers 658.
11. Hécher vers 658.
12. St Dié ou Didier 665-668.
13. Gilbert 668-671.
14. Rogus 672-690.
15. St Ithier 690-696.
16. Ebarce 696-701.
17. Opportun 702-720.
18. St Nectaire 720-726.
19. Chébroald 726-749.
20. Rainfroi ou Raginfrède 752-769.
21. Galdon ou Gaud 770-795.
22. St Jérôme 796-815.
23. Jonas 815-830.
24. Æneas.
25. Gerfroi ou Gerfrède 830-835.
26. Hugues Ier.
27. Hériman 840-860.
28. Ragin 860-861.
29. Abbon Ier 862-864.
30. Luidon 864-865.
31. Abbon II 866-882.
32. Guignier.
33. Eumène 883-892.
34. Adalgaire ou Agglaire 892.
35. Francon 893-906.
36. Atton ou Hatton 907-916.
37. Launon ou Hainon 917 vers 931.

38. Tédalgrin 932-947.
39. Gosbert ou Gaubert 948-956.
40. Gérard 957-959.
41. Natran 959-980.
42. Patiant.
43. Roclène 980-1012.
44. Hugues II de Champallement, dit le Grand 1013-1066.
45. Mauguin 1066-1074.
46. Hugues III de Champallement 1074-1091.
47. Gui 1096-1099.
48. Hervé 1099-1110.
49. Hugues IV 1110-1121.
50. Fromond 1121-1145.
51. Geoffroy 1147-1159.
52. Bernard de Saint-Saulge 1160-1177.
53. Thibaud 1177-1189.
54. Jean Ier 1189-1196
55. Gauthier 1196-1202.
56. Guillaume Ier de Saint-Lazare 1202-1221.
57. Gervais de Chateauneuf 1222-1223.
58. Renaud Ier 1223-1230.
59. Raoul de Beauvais 1232-1239.
60. Robert Ier Cornut 1240-1252.
61. Henri Cornut 1252-1254.
62. Guillaume II de Grand-Puits 1254-1260.
63. Robert II de Marzy 1262-1273.
64. Gilles Ier de Chateau-Renaud 1273-1277.
65. Gilles II du Chatelet 1277-1283.
66. Gilles III de Mauclas ou peut-être de Maulaix 1285-1294.
67. Jean II de Savigny 1294-1314.
68. Guilllaume III Beaufils 1314-1319.
69. Pierre Ier Bertrandi 1320-1323.

70. Pierre II Bertrandi 1325-1329.
71. Bertrand Ier, dit Gascon 1329-1332.
72. Jean III de Nandevillain 1333-1334.
73. Pierre III Bertrand du Colombier 1335-1339.

Bertrand II Accaioli appelé aussi Albert fut seulement élu 1339-1355.

74. Bertrand III de Fumel ou de Pébrac 1355-1360.
75. Renaud II de Moulins 1360-1361.
76. Pierre IV Aycelin de Montaigu 1361-1371.
77. Jean IV de Neuchatel 1371-1372.
78. Pierre V de Villiers 1372-1375.
79. Pierre VI de Dinteville 1375-1380.
80. Maurice de Coulanges-la-Vineuse 1380-1395.
81. Philippe Ier Froment 1395-1401.
82. Robert III de Dangeul ou mieux Dangeaux 1401-1430.

Pierre VII de Pougues seulement élu 1430.

83. Jean V Germain 1430-1436.
84. Jean VI Vivien 1436-1445.
85. Jean VII d'Etampes 1445-1461.
86. Pierre VIII de Fontenay 1461-1499.

Ferrand ou plutôt Ferdinand d'Alméida nommé évêque 1500.

87. Philippe II de Clèves 1500-1503.

Antoine de Feurs et Imbert de la Platière, désignés l'un et l'autre par une élection douteuse du Chapitre. Antoine de Feurs fut reconnu élu, mais mourut avant d'être sacré.

88 Jean VIII Bohier 1507-1512.

89 IMBERT DE LA PLATIÈRE 1512-1519.
90 JACQUES Ier D'ALBRET 1519-1540.
91 CHARLES Ier DE BOURBON 1540-1546.
92 JACQUES II PAUL SPIFAME 1548-1558.
93 GILLES IV SPIFAME 1559-1578.
94 ARNAUD SORBIN DE SAINTE-FOY 1578-1606.
95 EUSTACHE Ier DU LYS 1606-1643.
96. EUSTACHE II DE CHÉRY 1643-1666.
97. EDOUARD Ier VALOT 1666-1705.
98. EDOUARD II BARGEDÉ 1705-1719.
99. CHARLES II FONTAINE DES MONTÉES 1719-1740.
100. GUILLAUME IV D'HUGUES 1740-1751.
101. JEAN IX ANTOINE TINSEAU 1751-1782.
102. PIERRE IX DE SÉGUIRAN 1783-1789.
103. LOUIS-JÉROME DE SUFREN DE SAINT-TROPEZ 1789-1796.

ÉVÊQUES " D'AUTUN & DE NEVERS "

Supprimé par le Concordat de 1801, l'Evêché de Nevers fut incorporé au diocèse d'Autun

1 GABRIEL-FRANÇOIS MOREAU, évêque d'Autun 1802.
L'abbé CLAUDE GROULT, fut nommé, pendant la vacance du Siège, administrateur apostolique de l'ancien diocèse de Nevers.
2. FRANÇOIS DE FONTANGES 1803-1806.
3. FABIEN SÉBASTIEN IMBERTIES 1806-1819.
4. ROCH-ETIENNE DE VICHY 1819-1823.

104. J^{n}-B^{te}-F^{çois}-NICOLAS MILLAUX 1823-1829.

105. Charles de Douhet d'Auzers 1829-1834.
106. Paul Naudo 1834-1842.
107. Dominique-Augustin Dufêtre 1842-1860.
108. Théodore-Augustin Forcade 1860-1873.
109. Thomas-Casimir-François de Ladoue 1873-1877.
110. Etienne-Antoine-Alfred Lelong 1877.

Dominus conservet eum, et vivificet eum, et beatum faciat eum.

— 67 —

APPENDICE

PHASES

DE

LA CATHÉDRALE

DEPUIS SAINT EULADE

APPENDICE

PHASES DE LA CATHÉDRALE
DEPUIS St EULADE

IL eût été plus juste de prendre pour titre de ce travail « les différentes cathédrales qui se sont succédées à partir du premier évêque de Nevers; car le monument religieux, en traversant treize siècles, passa par de nombreuses et épouvantables épreuves : outre celles du temps, la guerre et les invasions ennemies y laissaient la trace du pillage, de la dévastation et des ruines, et surtout le terrible élément du feu, plusieurs fois, le réduisit en des monceaux de décombres en cendres. Relevé, plusieurs fois encore les flammes y exercèrent leur œuvre de destruction, n'en épargnant qu'une faible partie ou y pratiquant d'immenses brèches. Et alors tout était à refaire, ou bien les importantes reconstructions partielles imprimaient à l'édifice, suivant les époques, une physionomie nouvelle et un caractère particulier.

Nous allons dire ce que nous savons des cathédrales successives mentionnées par l'histoire et qui sont celles de :

S. Eulade ;
S. Jérôme ;
Atton ;
Hugues-le-Grand ;
Guillaume-de-Saint-Lazare,

Et enfin de Bertrand III, ou Bertrand Ier dit Gascon, et nous essayerons de les reconstituer dans leur parties principales :

1º CATHÉDRALE DE St EULADE (-516)

Nous n'avons rien de précis sur la disposition, la forme, la grandeur de *l'église primitive*.

2º CATHÉDRALE DE St JÉROME (795-815)

S. Jérôme *ajouta* à la cathédrale une chapelle dédiée à S. Cyr et à Ste Julitte, et, plus tard, *reconstruisit l'église entière.*

3° CATHÉDRALE D'ATTON (908-916)

La cathédrale de S. Jérôme s'étant écroulée, Atton la releva de ses ruines.

Il nous reste de la cathédrale d'Atton les deux *colonnes monocylindriques* du transept, qui résistèrent à l'incendie de 1028.

Ces deux colonnes, déjà à elles seules, nous donnent, par leur *distance d'écartement*, 10 m. 75 c., et leur élévation l'idée d'un monument *grandiose*; d'autres colonnes s'alignaient à la suite et se prolongeaient, comme nous l'apprenons par deux textes précieux et se complétant l'un par l'autre, qui nous font connaître la *forme* et la *direction* du monument.

Ces textes sont ceux de la *Gallia Christiana* et de Parmentier.

La *Gallia Christiana* dit que l'évêque Atton mérita de passer au souvenir de la postérité en construisant un vaste temple, de forme carrée : « *Memoriam sui reliquit instauratione majoris templi quam structurâ quadratâ absolvit* ». *Gallia Christ.*, tome XII.

« On pense, dit Parmentier, que la principale porte de l'église construite par Atton était au même endroit où est aujourd'hui le grand autel du chœur ».

Les textes cités nous affirment clairement et positivement :

1º Que le temple était vaste;
2º De forme carrée;
3º Que l'abside était tournée à l'occident.

Un mot de développement sur chacun de ces points :

1º LE TEMPLE ETAIT VASTE

Les colonnes qui restent en témoignent. Certainement, il y en avait d'autres; la seule question est de savoir quel en était le nombre.

Pour le moment, nous nous occupons de la *grandeur* de l'édifice; or, le texte de Parmentier nous laisse sous une impression de surprise, en plaçant *la porte principale* au pied du *grand autel d'aujourd'hui*.

Dans ces conditions, il faut bien admettre que la cathédrale d'Atton était de respectables proportions en longueur.

2º LA FORME EST EN CARRÉ

La *Gallia Christiana* le dit formellement : *Structurâ quadratâ*. Mais il ne faut pas entendre un carré parfait de quatre côtés égaux, mais bien un *parallélogramme* ou carré plus long que large ; cela semble évident. Et je continue en disant que la forme rectiligne, à angles droits avec les murs de côté, existait au moins dans la *partie percée* de la *porte principale*; car ce serait contre toute règle d'ouvrir la *porte principale d'un vaste monument* dans une partie courbe ou en hémicycle.

Il reste à déterminer une chose, c'est le point où s'élevaient les murs latéraux.

Mais, quoi qu'il en soit, la forme en parallélogramme n'est pas douteuse, et de partie droite ou rectiligne du côté de la porte principale.

3º DIRECTION DE LA CATHÉDRALE

La *porte principale*, située à l'orient, établit par le fait même la *position de l'autel*, c'est-à-dire à l'opposé de la porte, donc *à l'occident. La porte regarde l'autel.*

D'ailleurs, une tradition constante nous affirme que telle fut toujours, dans notre église, dès l'origine, la place de l'autel, à l'occident, et la porte principale (et non d'un autre autel) à l'orient.

Sans nous occuper davantage ici de l'orientation des églises en général (nous toucherons plus spécialement la question en parlant de la cathédrale de Guillaume de Saint-Lazare, et, à ce sujet, un texte de Guy Coquille nous sera d'une grande importance), nous sommes obligés d'admettre que la cathédrale d'Atton avait son autel à l'occident ou autrement était « tournée à soleil couchant (1) ».

4º CATHÉDRALE D'HUGUES-LE-GRAND
(1011-1063)

Un siècle s'écoule à peine et la cathédrale d'Atton est anéantie dans les flammes, en 1028, sauf les deux piliers ronds qui gardent comme l'empreinte et le cachet de l'incendie dans les éclats de pierre aux chapiteaux et dans la teinte rougeâtre, caractéristique du feu au sommet des colonnes.

*
* *

La partie romane de la cathédrale était d'Hugues-le-Grand. Elle se compose de la crypte et de la chapelle Sainte-Julitte, des arcatures au-dessus des piliers monocylin-

---

(1) Guy Coquille.

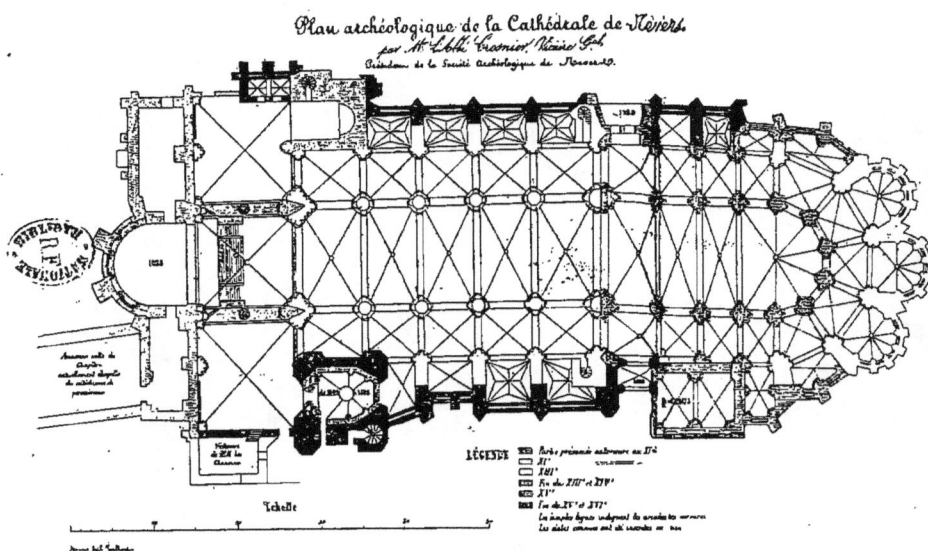

driques, de l'abside des fonts, du bas du transept percé de fenêtres romanes, du premier pilier de la nef, au midi, recouvert en partie de colonnettes du XIIIe siècle, d'une amorce d'arceau engagée, au midi encore, dans la maçonnerie du XIIIe siècle et enfin des arceaux des bas-côtés qui se voient au-dessus des arceaux du XIIIe siècle.

*
* *

Cette nouvelle cathédrale montre que nous ne nous étions pas trompés pour le plan général, la forme et la direction de l'église précédente ou d'Atton.

*
* *

Le plan ne semble pas avoir sensiblement varié. A moins d'un siècle de distance, à cette époque surtout, l'architecture est restée presque stationnaire:

*
* *

Il nous reste de la cathédrale d'Hugues-le-Grand *de plus nombreuses indications* pour nous *éclairer sur le plan* d'après lequel elle était *construite* et *orientée.*

1º SES LIGNES PRINCIPALES

1º Pour le moment, je me borne à dire que la crypte et la chapelle de Ste Julitte sont de précieux restes de la cathédrale d'Hugues-le-Grand.

2º Le transept, jusqu'au-dessus des fenêtres romanes, est de la même époque.

3º L'absidiole, occupée actuellement par les fonts, appelle comme pendant, *une absidiole semblable* de l'autre côté.

4º La distance entre les colonnes, dans le sens de la longueur, est déterminée par les colonnes et les arceaux qui subsistent de cette époque, à partir de la chapelle de Ste Julitte. Les autres colonnes qui faisaient suite, étaient à une distance identique.

5º Les arceaux romans des bas-côtés sont encore visibles et par conséquent *établissent la largeur exacte des bas-côtés,* sans préjudice des chapelles latérales.

Tout porte à croire que les dimensions en longueur sont restées les mêmes ; à coup sûr, elles n'ont pas été amoindries : ceci, ce n'est pas la règle. Ont-elles été agrandies ? Nous ne le pensons pas, puisque l'église d'Atton était louée pour ses vastes proportions. On conclurait donc au relèvement de l'édifice sur les fondations existantes et à la reprise du *plan ancien*, sauf de légères variantes.

2º ORIENTATION DE L'ÉGLISE D'HUGUES-LE-GRAND

L'orientation à *l'occident* nous semble hors de doute pour la cathédrale d'Hugues-le-Grand.

1º La chapelle de Ste Julitte l'indique à elle seule. Elle est « tournée à soleil couchant. »

2º En parlant de la cathédrale de Guillaume de Saint-Lazare, nous citerons un texte de Guy Coquille affirmant que l'église « soulait être à soleil couchant. »

3º Le transept est une preuve que l'église alors était tournée à soleil couchant. — On n'ignore pas que généralement les églises, dans leur plan, représentent la forme de la Croix : le temple est l'image du Sauveur étendu sur la Croix. Or dans le plan de la cathédrale d'Atton *et maintenant d'Hugues-le-Grand*, nous trouvons l'image de la Croix parfaitement dessinée : la chapelle Sainte-Julitte en est la tête, le transept les bras et la nef le pied. — Cette disposition a certainement été combinée et voulue ainsi.

LANTERNE CARRÉE DANS LE MILIEU DU TRANSEPT

Le dessus des arceaux, qui partent de la colonne monocylindrique, de chaque côté, formait un pan de muraille percé de deux fenêtres dont l'appareil du cintre reste comme témoin ; cette indication suffit pour justifier la présence de deux fenêtres analogues au-dessus de l'arc triomphal de la chapelle de Sainte Julitte ; l'arceau de la grande nef reproduisant la même disposition, il en résulte une vaste lanterne carrée, percée de huit fenêtres, deux sur chaque face, et qui dominait les voûtes. Le croisement de la nef avec le transept est la place toute naturelle — et ordinaire pour l'époque — de ce genre de tour.

Cette lanterne fut supprimée lors de la reconstruction par l'évêque Guillaume de Saint-Lazare ; à la même époque aussi, a été percée la rosace au-dessus de la chapelle de Sainte Julitte, pour que cette partie du mur ne semble pas trop dénudée.

Sans qu'il soit besoin d'apporter de preuves à l'appui, on peut dire que la nef était éclairée par des fenêtres ouvertes au-dessus de la toiture des bas-côtés.

ANCIENS CLOCHERS

La tour Boyer, qui sert de clocher, a été commencée au XIVe siècle.

Avant cette époque, il y avait certainement un ou deux clochers, c'est-à-dire que la cathédrale en était pourvue, au moins à partir d'Atton, pour ne pas remonter plus haut. A quel endroit s'élevaient-ils ? La tradition en place un de chaque côté, dans le voisinage des portails latéraux actuels ; ils auraient flanqué tout naturellement le grand portail ou « entrée principale » de l'église d'Atton et d'Hugues-le-Grand.

5º CATHÉDRALE DE GUILLAUME DE St-LAZARE
(1201-1220)

En 1211, la belle cathédrale d'Hugues-le-Grand sera détruite aux trois quarts par un incendie *qui s'arrêta au transept*.

Un grand mouvement architectural se produisit à la fin du XIIe siècle et au commencement du XIIIe. L'art ogival est en plein triomphe et c'est de cette époque que date la plus grande partie des cathédrales de France.

Guillaume de Saint-Lazare suit l'heureuse impulsion de son temps et conçoit un plan nouveau qu'il nous est assez facile de rétablir, car nous sommes beaucoup plus riches en éléments de reconstitution.

Nous commencerons par dire ce qui manque de la cathédrale de Guillaume de Saint-Lazare; ensuite nous parlerons des importantes modifications qui, on peut le dire, transforment et *retournent complètement* l'ancien édifice.

1º CE QUI MANQUE

Ce sera bientôt dit, quoique cette partie disparue soit très considérable : le chœur et le sanctuaire.

Quelle fut donc la cause du désastre qui ouvrit cette large brèche entre *la nef et les trois chapelles absidales de l'orient?* — D'après Parmentier, en 1308, les flammes réduisirent en cendres une partie de la ville. Bien que nos chroniqueurs ne fassent pas mention de la cathédrale en particulier à l'occasion de ce sinistre, il est certain que le chœur et le sanctuaire furent la proie de l'incendie. A défaut d'autre cause connue dans cette solution de continuité de l'édifice, la *marque et les vestiges du feu* se reconnaissent d'une manière indiscustable *au-dessus de chaque portail* : la galerie du triforium intérieur se continuait en équerre au-dessus des portails et les colonnettes de la galerie engagées dans une maçonnerie postérieure, à l'époque de la restauration de Bertrand Ier, apparaissent *calcinées* et *rougies* par le feu. Nous savons d'ailleurs qu'au moins au-dessus du portail du Doyenné, existait une chapelle, devant former tribune.

L'abbé Boutillier, dans les *Anciens Vocables des chapelles de la cathédrale*, confirme et justifie pleinement cette disposition.

« Dès l'année 1218, le comte Hervé et Mahaut, son épouse, avaient fondé au-dessus du grand portail de la cathédrale une chapelle dédiée à S. Michel et il était stipulé dans l'acte, que l'évêque de Nevers, Guillaume de Saint-Lazare, et, après lui, ses successeurs devaient prononcer la sentence d'excommunication contre quiconque empêcherait l'effet de cette fondation. Cette partie de l'église ayant été ruinée, le portail actuel fut rebâti en 1280 et la chapelle ne tarda pas à être relevée au même endroit, *desuper magnam januam seu magnum portale.* »

Les anciens pouillés du diocèse signalent

également l'existence de l'autel de S. Michel *au-dessus du portail* nord de la cathédrale.

Voilà donc ce qui manque de l'ancienne cathédrale de Guillaume de Saint-Lazare : *le chœur, le sanctuaire*, et *deux tribunes* au-dessus des portails, car *une tribune* en suppose forcément *une autre* pour le *coup d'œil*, la régularité du plan et pour *la représentation symbolique de la croix*.

On s'étonnera peut-être que cette continuation de galerie du XIIIe siècle se voie extérieurement, au-dessus des deux portails, dans des parties de construction plus récente, c'est-à-dire du XIVe siècle. — Nous répondons : à la reprise des murs, on a pu faire des réparations et des parements intérieurs, en conservant ce qui pouvait être utilisé.

Le portail lui-même, de 1280, a bien survécu à l'incendie de 1308.

2° TRANSFORMATION ET RETOURNEMENT COMPLET DE LA CATHÉDRALE

§ I. Transformation

Quelle différence entre le style gothique et le style roman ! Il ne m'appartient pas de décider de la palme entre l'un et l'autre ;

mais je signale et constate la transformation et le changement complet d'aspect.

Je trouve dans la *Gallia Christiana* l'appréciation de l'œuvre de Guillaume de Saint-Lazare : « *Structuram chori, ex opere lapideo, suis impensis, affabrè admodum et ornatè œdificavit.* » Il bâtit le chœur, en appareil de taille, à ses frais, avec beaucoup d'art et une grande richesse d'ornementation.

Par le mot *chœur*, il faut entendre tout le vaisseau : nef, chœur, sanctuaire, chapelles absidales.

L'appareil de pierre, dont il est question, ne ressemble en rien à la maçonnerie de moëllon du XII⁰ siècle. Les grandes surfaces, avec lignes et coupes régulières de pierres taillées, *ex opere lapideo*, flattent autrement l'œil que le crépissage de mortier.

Le soin apporté dans la construction, aussi bien que la variété et le luxe de l'ornementation, sont indiscutables « *affabrè admodum et ornatè.* »

§ II. Retournement et orientation de la cathédrale

Le texte de la *Gallia Christiana*, qui se rapporte à la cathédrale de Guillaume de

Saint-Lazare n'a été cité qu'en partie : en voici la suite et la fin :

« *Eo, quo nunc conspicitur, schemate ad Orientem, cum prius esset ad occidentem.* » Il la tourna dans la disposition où nous la voyons maintenant, tournée à l'orient, tandis qu'auparavant elle était tournée à l'occident.

Guy Coquille s'exprime en termes identiques, si bien qu'ils semblent traduits mot pour mot par les Bénédictins, qui ont vérifié, dans ce texte, l'expression de la vérité, en le contrôlant au moyen d'auteurs ou de traditions que nous ne connaissons plus.

« Il fit commencer la structure du chœur de l'église de St Cyre d'ouvrage de pierre de taille, en la beauté, artifice et magnificence du présent — comme présentement — et la bâtit pour la plupart à ses dépens ; et par le moyen dudit chœur ainsi construit de nouveau, le grand autel et le reste de l'église qui soulait être à soleil couchant fut tournée à l'orient. »

Nous ne pouvons donc plus douter de *l'orientation primitive* de la cathédrale. Et cette orientation a été voulue *ainsi*, dès le principe. Un mot de Lebrun-Desmarettes[1]

---

(1) *Voyages liturgiques en France*, du sieur Moléon (pseudonyme de Lebrun-Desmarettes), 1718.

en constatant cette orientation *antique*, rappelle le souvenir des temps où l'évêque avait son siège au fond de l'abside. Pour célébrer les saints mystères, il s'avançait et venait se placer devant l'autel ou table portative, et ainsi, ayant les fidèles en face, il était tourné du côté de l'orient. L'autel donc, dit Lebrun-Desmarettes, était tourné à *l'antique*, c'est-à-dire tourné à l'inverse de maintenant, comme on le voit encore souvent en Italie : Saint-Pierre de Rome a son abside à l'occident.

Mais ensuite, l'orientation a été comprise d'une manière différente. Dans les églises plus récentes, les règles ont été suivies suivant les nouveaux principes : *l'église regardant l'orient*.

N'était-ce pas le cas, pour Guillaume de Saint-Lazare, de profiter de ce grand travail de reconstruction, pour orienter la cathédrale, d'après la méthode du temps? Il le comprit et l'exécuta, comme le dit formellement Guy Coquille : « et par *le moyen* dudit chœur ainsi construit de nouveau, le grand autel et le reste de l'église fut tourné à soleil levant qui soulait-être à soleil couchant. [1]

---

(1) Avait l'habitude d'être, était depuis longtemps.

Donc, pour se conformer aux règles en usage, Guillaume de Saint-Lazare fit une seconde abside opposée à l'ancienne et il conserva en même temps l'ancienne abside, souvenir des précédentes cathédrales, qui était si digne de respect et de vénération. Dès lors, pour Nevers, la question des deux absides est bien élucidée, histoire en main. Elles n'ont commencé à exister simultanément qu'à partir de la reconstruction de l'évêque Guillaume de Saint-Lazare.

* * *

Il est intéressant de considérer comment l'évêque Guillaume de Saint-Lazare relia la nouvelle construction avec ce qui subsistait de l'ancien monument. Aux colonnes en avant de la chapelle Ste Julitte, et à celle de la nef du côté du midi faisant face à celles de la chapelle de Ste Julitte, il adosse d'autres colonnes ou ajoute par côté des faisceaux de colonnettes du XIIIe siècle. Aux angles et au milieu du transept occidental, des faisceaux de colonnes gothiques s'élancent pour soutenir les nervures de la voûte surélevée pour correspondre aux proportions du nouvel édifice. Beaucoup plus hautes sont les voûtes gothiques, comme on peut s'en rendre compte par le second rang de fenêtres ogivales au-dessus des fenêtres romanes et par les trois corbeaux supportant les poutres sur lesquelles reposait la charpente.

*
* *

En résumé, le plan fut celui-ci :

1º Une nef de cinq travées faisant suite au transept;

2º Les bas-côtés;

3º Entre la nef et le chœur, une travée plus large correspondant aux portails et surmontée de tribunes de chaque côté. — Nous avons prouvé ailleurs l'existence de ces tribunes. — Ces tribunes, s'avançant au-dessus des portails, dessinaient avec la nef, dans le nouveau plan, une croix *aérienne*, comme on en rencontre beaucoup d'exemples. Cette forme de la croix entrait si bien dans le plan, qu'à partir de ce transept aérien, l'inclinaison symbolique de la croix est très sensible.

4º Enfin le maître-autel est tourné *à l'orient*, qui soulait être tourné à l'occident.

6º CATHÉDRALE DE BERTRAND III [1]
(1329-1333)

Nous avons déjà parlé de l'incendie de 1308, auquel il faut rapporter la vaste brèche entre la nef et les trois chapelles absidales.

Les travaux de restauration furent à peu près terminés sous l'épiscopat de Bertrand III.

Il est inutile de décrire ici cette cathédrale qui est la *cathédrale actuelle*.

Désormais les deux parties disjointes du XIIIᵉ siècle, la nef et les chapelles absidales, sont reliées et soudées ensemble par des constructions d'époque différente : le fond de l'abside, de la fin du XIIIᵉ siècle et le chœur du XIVᵉ siècle.

Elle fut consacrée en 1381 par le patriarche, Pierre de la Palu.

Les tribunes de l'église précédente ne furent malheureusement pas rétablies, sans doute faute de temps et de ressources. De cette suppression, il résulte que la nouvelle cathédrale ne reproduit plus dans son plan la représentation de la croix.

---

[1] Ou de Bertrand Iᵉʳ Gascon, d'après la *Gallia*.

Telles sont, à travers les siècles, les diverses transformations de la cathédrale qui a été le cœur et le centre de la vie religieuse du diocèse. Tant d'épreuves qu'elle eut à subir et dont elle se releva, à chaque fois plus belle, ne font que mettre davantage en relief l'amour et l'attachement des évêques de Nevers, et de leur troupeau à leur chère église et à leurs vénérés Patrons, Saint-Cyr et Sainte-Julitte.

ERRATA

Bas relief, lisez : *bas-relief*.
Etait d'Hugues-le-Grand, lisez : *est* d'Hugues-le-Grand.

TABLE
DES MATIÈRES

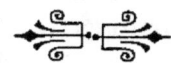

Vue extérieure de la cathédrale du côté du chevet.	5
Portail latéral du nord	5
Légende du chanoine enseveli sous les ruines.	5
Intérieur de la cathédrale.	7
Crypte de Sainte Julitte	10
Chapelle et fresque de Sainte Julitte	12
Pierres en saillie ou corbeaux.	13
Visite des chapelles, en commençant par la gauche	14
1re Chapelle. — De N.-D. de Lourdes	14
2e — Des Fonts	15
3e — Du Sacré-Cœur.	15
4e — De Sainte Claire	16
5e — De Sainte Solange.	16
6e — De Saint François.	17
Peintures et inscriptions sur le mur de clôture du chœur	18
Niche de S. Christophe	20
7e Chapelle. — De l'Assomption	20
8e — De Saint Jean-Baptiste	23
9e — De Saint Symphorien.	27
10e — De Saint Antoine	27

11ᵉ Chapelle.	—	De Saint Joseph	27
12ᵉ	—	De la Sainte Vierge	28
13ᵉ	—	De Saint Lazare	29
14ᵉ	—	De Saint Laurent	30
15ᵉ	—	Des Féries	30

Peintures et inscriptions murales 31

16ᵉ Chapelle.	—	Des Morts	32
17ᵉ	—	De Saint André	33
18ᵉ	—	De N.-D. de Bonne-Nouvelle	34
19ᵉ	—	De Saint Sébastien	35
20ᵉ	—	De Saint Martin	38

Porte de la salle capitulaire et escalier du vestiaire des chanoines 39
La méridienne de la cathédrale 39
Tombeaux et inscriptions 41
Inclinaison symbolique 42
Vue d'ensemble sur l'intérieur du vaisseau 42
Epitaphe d'Arnaud Sorbin 43
Le grand Christ derrière le maître-autel 45
Tombe de Maurice de Coulanges 45
Henri de Saxoine, maître de l'œuvre ou architecte . 46
Le portail du midi 47
La tour Boyer 48
Indulgences attachées à la Basilique 51
Liste chronologique des évêques de Nevers 53
APPENDICE. — Phases de la cathédrale depuis Saint Eulade 63
Cathédrale de St Eulade (-516) 64
Cathédrale de St Jérôme (795-815) 64
Cathédrale d'Atton (908-916) 65
   Le temple était vaste 66
   La forme est en carré 66
   Direction de la cathédrale 67
Cathédrale d'Hugues-le-Grand (1011-1063) . . . 68
   Ses lignes principales 70
   Orientation de l'église d'Hugues-le-Grand . . . 71
   Lanterne carrée dans le milieu du transept . . . 72

Anciens clochers.	73
Cathédrale de Guillaume de Saint-Lazare (1201-1220).	73
Ce qui manque	74
Transformation et retournement complet de la cathédrale.	76
§. I. Transformation.	76
§. II. Retournement et orientation de la cathédrale.	77
Cathédrale de Bertrand III (1329-1333)	82

TABLE DES GRAVURES

Vue extérieure de la Cathédrale.	3
Armes du Chapitre et de l'Evêché.	9
Chapelle de Ste Julitte.	12
Rétable de S. Jean-Baptiste.	21
Grande nef et chœur.	37
Sommet de la tour Bohier.	48
Plan de la cathédrale.	69

Nevers. — Imprimerie Catholique L. CLOIX

210

www.ingramcontent.com/pod-product-compliance
Lightning Source LLC
Chambersburg PA
CBHW070301100426
42743CB00011B/2297